돌을볕
시인선
0 0 6

나의 전생은 책사

김현길 시집

시인의 말

    나는 늦깎이로 문학을 시작하여 2005년에 시로 등단하고 2년 뒤인 2007년에 첫 시집을 냈다. 이번까지 여섯 권의 문집을 내는 셈이다. 14년 동안 거의 2년에 한 권 꼴로 책을 펴낸 셈이다. 그동안 실험하듯이 시, 시조, 수필, 소설을 썼다.
    그러고 보니 피아노 학원을 다니던 초등학교 6학년 딸애가 작곡을 했다고 띵똥띵똥 자랑하기에 내가 가사를 붙여서 만든 동요가 꼭 여섯 곡이 있다. 〈맨드라미꽃〉〈둥지 떠난 새〉〈도요새 가족〉〈고추잠자리〉〈변덕쟁이 비〉〈서쪽하늘〉 감회에 젖어 시집가서 부산에 사는 딸에게 공책에 연필로 그린 악보를 폰으로 찍어 보내줬더니, '아버지는 아직도 이걸 갖고 있어요?' 하면서 문자로 답이 왔다. 대수롭지 않다는 말투에 무척 서운했다. 나에게는 소중한 추억인데도….
    꿈에 부풀어 마산MBC 창작 동요제에 출품을 했다가 비록 예심에서 떨어졌지만, 애비로서 한때는 천재 났다고 통영의 작곡

학원으로 딸애 손을 잡고 찾아다닌 적도 있었다. 어찌 보면 이 동요의 가사를 붙여준 것이 계기가 되어 오늘날의 내가 있는지도 모른다.

  요즘 문득 자기 표절이라는 말이 떠오른다. 특히 내가 써놓은 시들을 보면서 문맥이나 뉘앙스가 비슷비슷하다는 것을 알았다. 작년에는 여태껏 써놓았던 수필들을 1권의 책으로 정리해서 묶어 내었다. 이 시집을 마지막으로 내 글들이 분명 한 단계 발전할 수 있을 것이라고 스스로 다짐한다.

  평소 나의 문학에 관심 가져주시는 도서출판 경남의 오하룡 선생님께 항상 감사하다. 힘든 식당일 하면서도 가정에 별 도움 안 되는 글 쓴다는 남편 곁에서 말없이 뒷바라지 해주는 아내와 가족들에게 눈물겹도록 감사하다.

                              신축년 남은嵐垠사랑채에서 저자

| 차례

시인의 말　　　　　　　　　　　　2

제1부　그리워해야 사랑한다

인연　　　　　　　　　　　10
은행나무 가로수　　　　　　12
우두포의 문학소녀　　　　　14
별밭 가꾸는 농부　　　　　　16
비평가 아내　　　　　　　　18
나의 전생은 책사　　　　　　20
수송장 여관의 추억　　　　　22
난로와 냉장고　　　　　　　23
고구마　　　　　　　　　　24
꿈나라　　　　　　　　　　25
셋방　　　　　　　　　　　26
찰나 인연　　　　　　　　　27
서산 마애불　　　　　　　　28
갯메꽃　　　　　　　　　　30
메아리　　　　　　　　　　31

제2부 내 인생의 소중한 인연들

거제문화원장	34
능곡시조교실 종강파티에서	35
범띠 아들	36
나무꾼의 추억	37
문우 이경희를 추억하며	38
범보 김인배 교수님을 떠나보내며	40
미월해송	42
장로 친구	44
진해동부 로타리클럽 제5주년 기념축시	46
까마귀가 먼저 본 시집	48
칠촌 조카	50
산막 시인	52
무정한 친구	54
이임춘 화백 개인전을 보고	55
아재비와 조카	56

제3부 내 마음속의 사진첩

제비와 소낙비 60

빈집·2 61

정월 대보름 62

월남 벌거지 63

횟배 64

소년과 소 65

누이 66

찔레꽃 67

거제백병원 68

카톡 편지 70

반찬가게 아줌마와 구씨 71

선본 이야기 72

어머님 전 상서 74

몰대가리 누나 76

칸나꽃 78

제4부　역사 속의 여행

방답구미 전설·2	80
지심도 동백꽃	82
앙코르와트	83
천안문을 가다	84
동정녀 유처자묘	85
아아 목련꽃들아	88
장승포항에서	89
천년 신라	90
잊혀진 전쟁	92
비운의 유배객 정서鄭敍	94
아프리카 사파리	95
코로나 바이러스	96
아리야	97
촉석루에서 탄歎한다	98
잘못된 비유	100

제5부 일상에서 느끼는 행복

폭설	102
지빠귀	103
들고양이	104
청운에 못 다한 꿈	106
보수동 책방골목	108
덜거랑 포구나무 밑에서	110
봄 손님	112
한국국제대학교	114
방자	116
콘서트	117
소쩍새 · 2	118
흑산도 · 3	119
드라마를 안 본 어른	120
솜이불	121
천상의 목수	122

제1부
그리워해야 사랑한다

인 연

당신은
이른 봄 둑방에 피어나던
아지랑이였습니다
우리 집 밭둑 자귀나무 가지에서
봄날을 즐기며 우는 산새였습니다

당신은
고향 집 울타리에 핀 인동초였다가
어느새 고봉밥을 담아주시던 어머니
오! 나의 어머니였습니다
분꽃 핀 가을 들판에 누워
황홀한 듯 눈을 감고
가만히 다가가 입술을 포갤 때면
나의 가슴은 터질 것만 같았습니다

당신은
깊은 산속 솔가지에 지어놓은
산비둘기 집을 발견했을 때의 환희
그 자체였습니다

당신은
아지랑이였다가
산새였다가
인동초였다가
어머니였다가
온종일 우리 집 밭둑 자귀나무
가지를 옮겨다니며 노닐다가
이제는 농부의 품으로 돌아온
나의 영원한 피앙새입니다

은행나무 가로수
—언양저수지길

가을만 되면
엄마 은행나무는
걱정이 태산이다
심술쟁이 바람 때문이다.
샛노란 옷을 입은 아이들은
만류하는 엄마 손을 뿌리치고
길섶으로 하나둘씩 모여든다
바람이 시키는 대로
떼구루루 구르기도 하고
까르르 웃기도 하고
오종종
길 복판으로 몰려가기도 한다
바람이 한 번 휘익 휘저어 불면
천지도 모르고
좋아서 찧고 까불고 야단이다
저만치 자동차가 무섭게 달려온다
애들아 위험해!
은행나무가 놀라 고함을 친다
때마침 회오리바람이
재빨리 강강술래를 돌려

길섶으로 아슬아슬 휘몰아 온다
은행나무는 놀란 가슴을 쓸어내린다
아직 철부지들이라 혼이 나고도
헤헤헤 웃는다
가을만 되면
엄마 은행나무는
걱정이 이만저만이 아니다

우두포의 문학소녀

고성 동해면 원각사 가는 길에
우두포라는 마을이 있다
뒷산이 소머리를 닮아 붙여진 이름이란다
그곳에 사는 순수한 보살 한 분을
원각사 법당에서 만났다
불공을 마치고 이런저런 얘기 끝에 그 보살 하는 말
숱이 많은 머리를 주체하지 못해
하루는 파마를 했단다
볶은 머리를 푼 모습을 본 미용사가
당황스러워하더란다
그런데 다음 날 머리 감고 물기를 털어 말리는데
둥우리만해 진 머리에 참새 한 마리가
북데기인 줄 알고
머릿속으로 파고들더라나
나는 웃으면서
-새끼 칠 참새한테 집 보시를 하셨네요?
하니까
-말도 마소 그 참새가 자망그물에 걸린 물고기처럼
 파닥거리는데 끼란다꼬 식겁했시요.
허허허!

천상병 시인을 좋아해서 인생살이를 소풍에 비유한
귀천 시를 외우고 다닌단다
나이를 물으니 "임인생 범띠 가시나요!" 한다
집사람과 갑장에 오랜 도반이었다네.

별밭 가꾸는 농부

자다가 일어나 밖으로 나왔다
밤하늘을 올려다보며 실례를 한다
고구마 넝쿨이 촉촉이 젖는다
삼토가 남쪽으로 많이 치우쳐 있다
은하수가 염판의 소금처럼 널려 있는 가운데
견우성과 직녀성도 희미하나마 보인다
어릴 적에는 소도록이 모여 있는
오리온 별자리를 보면 괜스레 눈물이 났다
홀어머니 치맛자락을 붙잡고 서 있는
나와 여동생들 같았기 때문이다
늑대별은 여전한데 엄마는 우리 곁을 떠났다
멀리 봉산 위로 북두칠성이 보인다
방으로 들어가지 않고 데크마루에 걸터앉는다
저 별들은 내가 특별히 관리하는 별이다
시선이 네 번째 별에 머문다
호미를 들고 구름 잡초를 걷어내고
정성 들여 북을 돋운다
저 문창성을 닮아보려고 나름 애쓰는 중이다
나는 종종 자다 일어나 별밭을 가꾼다
간짓대를 찾아 마당 가운데 선다

달이 진 산마루에 걸린 별 하나가
자기를 따 달라고 깜짝깜짝 눈짓을 한다
수많은 별들을 천천히 올려다보는데
갑자기 우주의 별들이
여기저기 막 쏟아져 내린다
가을밤에 수확한 별들이
앞마당에 수북하다

비평가 아내

여보!
이 부분은 어감이 안 좋은 것 같아요
말이 부드럽지 못하고 너무 억세잖아요
그리고 여긴 어쩐지 연결이 매끄럽지 못한 것 같아요
조사는 빼고 사투리를 쓰면 어떨까요
더 자연스럽고 정답지 않을까요
이 시는 연상이 잘 안 되네요 뭔가 떠오르는 게 없어요
너무 숨이 차요 독자가 상상할 수 있는 공간
그 공간의 여유가 필요하지 않겠어요
차라리 연을 띄우는 게 좋을 것 같아요
다시 한 번 찬찬히 읽어보세요
통속적이고 밋밋하고 평이하죠?
여긴 진부한 느낌, 맛이 없다고나 할까
차라리 한자로 바꿔 써 보세요
그리고 쉴 수 있게 행갈이를 해보세요
자 힘이 느껴지지 않아요
그렇죠? 말을 해봐요?

아내의 투정 섞인 말에 정신이 번쩍 든다

한 사람의 독자도 만족시키지 못하는 것이
무슨 시이며
그러는 내가 과연 시인인가
당신은 내 시의 애정 어린 비평가야…

나의 전생은 책사
―고성군 송학동1B-1 고분군을 둘러보고

우리는 우연히 전생의 비밀을 알게 되었다
나는 뭔가에 이끌리듯 아내를 데리고
고성 송학동 고분군으로 차를 몰았다
그랬었구나!
내 아내와 나의 인연은
아내는 육가야 작은 왕국의 왕이었고
나는 책사였단다
그랬었구나!
아들을 내게 부탁하고 죽은 왕
나는 그 왕국을 지켜내지 못한 무능한 책사
쉽게 건널 수 없었던 아내와 나 사이에 놓인 강
그래서 다시 현생의 가족이라는 공간에서 만났구나
막연한 추측이 고성박물관
B1-1 발굴 사진 앞에 멈췄다
어쩌면 현실상황과 함께
흩어져 있던 퍼즐이 정확히 맞아떨어지는 순간
믿기 어려운 신비한 경험
천오백여 년의 시공간을 넘나들었다
선명한 칼자국 그것은 수술 자국이지만
아들은 분명 옆구리에 칼을 맞고 죽은 것이다

그래서 소가야왕국은 패망하고
그것을 신하로서 지켜주지 못한 통한의 눈물…
그랬었구나!
고분군 턱에 걸터앉아 갑자기 오열하듯
복받쳐 올랐던 그 눈물의 의미
서로에 대한 미안함이 현세의 아내와 아들과
아버지의 인연으로 다시 만났구나
꽤 많은 시간이 흘렀는데도
서러운 눈물은 멈춰지지 않았다
그리고 두 사람은 서로 상념에 잠겨 아무 말 없이
송학동 고분군 둘레길을 걸어가고 있었다

*시작노트: 며칠 전 아내는 '박진여 전생 리딩 연구소'에서 우리의 전생을 보았다. 듣는 순간 나는 고성 송학동 고분군이 떠올랐고, 믿기지 않는 사실에 놀랄 뿐이었다.

수송장 여관의 추억

부부 둘 다 길치인기라 특히 집사람은 내비 없으면 한 발짝도 못 움직여 가게에서 집에 찾아가는데도 내비를 켜고 갈 정도라니깐 딴에 여행은 즐겨요 네온사인 불빛이 드문드문 켜질 무렵 서울에 도착하여 뺑뺑이를 돌다가 겨우 발견한 수송모텔, 어째 골목풍경이 낯설지가 않더라니까 그래 맞아 문단 행사 때마다 지방 문인들 전용 숙소가 여기였어 갑자기 십여 년 전 추억이 떠오르지 않았겠어 수송장 여관이 수송모텔로 간판만 바뀐 것뿐이었어 그때 같이 간 G시인과 술에 취해 타이틀도 없는 코골기 대회를 했었지 늦게 도착한 S시인이 심판을 보다가 자기도 침대 밑에서 곯아떨어져 아예 선수로 참가해 버렸어 내가 조계사 새벽 예불시간에 깨어서 마실 물을 찾았을 때 그때 방 풍경은 정말 가관도 아니더라니까 한창때들인지라 어찌나 코를 세차게 골든지 거기다가 푸푸 불어재끼는 나의 수면무호흡증의 불안한 삼중창을 했다 치면 옆방 손님이 같은 시인들이 아니었더라면 안면방해죄로 무조건 쫓겨났을 판, 참말로 묘한 것이 10년 전 하필 그 방이더라니까 덕분에 부부는 조계사 사시예불을 팁으로 참견할 수 있었다니까 이런 것을 두고 우리는 시절 인연이라고 하는 거야.

난로와 냉장고

"당신 손은 시원해서 참 좋아"
그러는 당신 손은 우찌 이리 따숩노
"애기 때 엄마가 녹용을 먹였대요."
나는 횟배를 앓고 죽을 만큼 힘들었는데
그 당시는 원기소가 유일한 보약인 줄만 알았었지
생솔캥이로 군불 지핀 아랫목에서
어머니는 아픈 내 배를 주물러 주었었지
"그럼 어려서부터 이렇게 배가 차가웠어요?"
응
당신 손은 완전 난로야
꼭 엄마 손 같아
많은 시간을 돌아
서로 다른 길을 가던 우리였는데⋯
아내는 가만히 내 품에 안겨 왔다

고구마

유월의 땡볕에 너를 묻으며
해를 낳은 구름을 원망한다
헐떡이는 오키나와 여린 순을 보면서
삶이란 것이 다 이런 건가 싶어 짠하다
정오의 숲에는 새들이 모여들고
홀딱벗고새가 울면
멀리서 뻐꾹새가 받고
산비둘기는 아예 곡을 한다
내일 장마전선이 북상한다는
일기예보가 있었지만
몸이 달은 아내는 닷 되짜리 주전자로
두둑마다 생명수를 뿌린다
그렇지만
배곯던 시절 새벽 눈뜨자마자
소쿠리째 끌어안고 먹던
그 달달한 맛을 잊을 수가 없어
부부는 열심히 밭고랑을 오가며
벌써 만추의 가을을 생각합니다.

꿈나라

낮에 소꿉을 놀던
그 계집애가
똘망똘망한 눈으로 보챘어요
담쟁이 잎사귀
큰 놈으로 따 달라고
돌담장을 꽉 붙잡고 발~ 발~
아슬아슬 붙어서 따는데
자꾸만 위쪽 것이 더 크다며
손가락으로 저거! 저거! 하는 거야
할 수 없이
하는 수 없이
그날 밤 꿈속에서
나는 오도 가도 못 한 채
담벼락을 붙잡고
엄마를 부르며 울었습니다

셋 방

꿈인 양
서글픈 현실이 옛날 같잖다
널브러진 가재도구 쳐다보다가
또옥 눈물이 난다
젖 떨어져 낑낑대는 강아지처럼
우린 서로를 보듬고
시린 등 토닥여보지만
서글픈 현실이 옛날 같잖다
남편의 책무를 다 못한 것 같아
미안해서 살며시 돌아눕는데
또옥 눈물이 난다
여기는 공주가 잘 방은 아닌 것 같소
옛날 곱던 당신 모습 떠올려본다

찰나 인연

안개비 내리던 날 남해 금산을 향했다
국립공원 직원의 시계가 매우 불량하다는
말을 뒤로 하고
엽낙우葉落雨 떨어지는 언덕길을 쉬엄쉬엄 올랐다
부부가 유명사찰 순례를 시작한 지도 어언 십여 년째
법당에서 법요집을 펼치는데
젊은 부부가 발뒤꿈치 들고 들어와
가볍게 삼배를 한다
절간에는 처음인지 좀 서툴기는 해도
지그시 눈을 감고 합장한 모습이 예뻐 보였다
새댁의 배가 봉긋 솟아 있었다
살며시 다가가 관세음보살보문품을 펼쳐 보인다
자기가 무슨 호명보살이라도 된 듯
"매일 수지독송을 해보세요 태교에 도움될 겁니다"
감사한 마음을 미소로 답하는 모습을 보며
나는 또 다른 소중한 인연을 맺는다
호국도량 남해 금산 보리암에서의 찰나 인연,
안개 속의 연꽃좌대 해수관음이
알듯 말듯 우릴 보며 미소 짓고 있었다.

서산 마애불

한 번은 꼭 와보고 싶었던 곳
삼존불은 나를 오랫동안 기다린 것 같았다
얼른 넙죽 삼배를 올렸다
왼쪽 약사불은 통통한 볼에
포근한 미소는 마치 시집간 누이가
차반을 이고 오는 것 같기도 하고,
오른쪽 협시불은 옛날 돈 벌러 야밤에
서울 동자동으로 떠난 삼촌들 같기도 하고…
우리가 너무 늦게 도착한 관계로
산그늘이 지기 시작했다
석양빛에 더 오묘해지는 미소
중앙 여래입상은 보면 볼수록 내가 잠시 살았던
통영 도릿골 중 아저씨를 닮았다
'이놈 잠망 지기지 말고
얼른 와서 참회하지 못할까?' 하면서
꼭 내 뒤 목덜미를 집게손으로 잡고
강아지처럼 들어 올릴 것만 같아
발길을 돌리려는 참인데
같이 간 아내가 저 은근한 백제의 미소와

인증샷을 찍어두어야 한다며
얼릉 가까이 오란다.

갯메꽃

농게 기는
갯장분 짭쪼롬한 모래밭에
수줍게 피어 있는 바닷가의 나팔꽃
저녁놀
붉은 입술연지를
살짝 얻어 발랐네.
섬치에 꼬맹이 둘이
해 지도록 소꿉을 놀던
그 여석아가 죽어서 환생하여 피었다는
할머니
옛날이야기를
들은 적이 있는 꽃.

메아리

그것은
허공을 응시한
몽환의 눈빛이요
심연에서 샘솟는
영혼의 손짓이다
어쩌면
날개 없인 못 붙잡는
우리의 실루엣이다
넌지시
눈을 감고
마음으로 따라가면
오가는 골짝 골짝을 환희로 채우며
동경의
이니스프리 동산을 향해 날으는
그리움이다

제2부
내 인생의 소중한 인연들

거제문화원장
—대강 선생

동부면 산양에는
날 업어 키운 누님이 살았다
어머니한테 들은
이종사촌 그 누님은
일찍이
마산으로 이사 간 뒤 소식이 끊어졌다.
동부면
그 산양에 대강 선생이 살고 있다
나의 소설* 읽고 나서
고희古稀를 넘긴 나이에도
함양의
주논개 무덤까지
손수 핸들 잡으셨다.
진주성 2차 전투와
논개의 글 써보라며
애비가
훈계하듯 축문 지어 읽으셨다
엎드린
내 손등 위로
감동의 눈물이 흘렀다.

*장편역사소설《임 그리워 우니다니》

능곡시조교실 종강파티에서

텐트 속에
27년간 함께 잔 사모님과
전화로 주고받는 말 옆에서 들어보니
'반장이 젊은 여자 부쳐서 여관에 재워준단다.'
우리 같음 그런 농이 어찌 감히 나올까
'세상에 이런 일이' TV를 보았었다
두 사람 텐트에 들어가면서
'여보, 우리 행복해요.'
PD의 연출 솜씨가 뛰어나다 생각했네
어느 날 대화 도중
진심을 말하는데
'집사람 아파트 이사하는 날
어찌나 좋아하던지…'

범띠 아들
―팔불출

아버지를 귀엽다고 말하는 아들놈 있다 어디 가서 물어보면 그는 띠가 호랑이 띠고 나는 원숭이 따라서 그렇단다 고1 때 팔씨름을 붙어서 내가 드디어 졌다 그는 특별히 옷이 필요치 않는 아이다 일 년 사계절이 덥고 춥고 두 계절뿐이다 봄여름가을은 흰색 러닝에 검정색 반바지 트렁크스 그리고 신발은 계절에 상관없이 슬리퍼가 패션의 끝이다 겨울에는 모자 달린 방풍 재킷을 입는다 마치 복싱 선수가 링에 처음 올라 겅중거리는 모습과 같다 이렇게 입고 동네를 돌아다니는 것까지는 좋은데 직행버스 타고 부산 갈 때도 변함없는 그 반바지 스타일에 애비로서 환장한다 이런 아들 나이가 벌써 스물셋이다 염려가 되어 한마디 하면 아부지 염려 붙들어 매시고 아무 걱정 마시란다 요리고등학교를 졸업하고 그의 직업은 요리사다 부산에 직장을 구했다 열심히 일해서 인정을 받은 모양이다 용돈을 꼬박꼬박 부쳐온다 자식 자랑하면 팔불출이라고 했던가 그래도 자랑하련다 고로 나는 팔불출.

나무꾼의 추억

히히대며 또래끼리 나무하러 산에 갔다 담배를 꼬나문 녀석이 묏등 잔디에 슬쩍 불을 놓았다 설마더라 간이 작은 놈이 안 꺼겠나 지게 베고 누워서 토닥토닥 타는 불꽃을 실눈 뜨고 지켜보았다 어디서 일진 광풍에 불이 확 번졌고 누가 먼저랄 것도 없었다 후다닥 덕조 영철이 현길이 태종이 생솔가지 꺾어 우우 걷잡을 수 없이 번져가는 불을 두들겨 패기 시작했다 불티가 사방으로 뛰었다 여기 끄면 저기서 옮겨 붙고, 다들 혼이 반쯤 나간 상태로 입 앙다물고 죽을 둥 살 둥 불을 끄는 와중에 나는 경찰서 유치장이 떠올랐다 가히 필사적이었다 광란의 춤사위에 도저히 잡힐 것 같지 않던 불길이 기적적으로 잡혔다 그을음을 둘러쓴 땀범벅이 된 얼굴, 나무고 지랄목대기고 반치나 울며 집으로 갔다 훗날 4인방의 술좌석 무용담이 가관이었다 그날 보여준 동무들의 살신성인 협동정신은 우리나라 초기 산불진화작업의 근간이 되었고 전국소방서 마다 지침서로 남아 있는 것을 보았다나 어쨌다나 어제는 공범인 태종이 친구 병문안을 다녀왔다.

문우 이경희를 추억하며

언제나 그는
자기를 공주과로 봐주는 주변의 분위기를
은근히 즐기는 눈치였다
모임 때 내가 부른 '그 겨울의 찻집'을 듣고는
용필이보다 네가 잘 부른다고 치켜세울 줄도 알았다
거제수필문학회 내에서는 내보담 고참이었으나
나이는 한 살 아래였다
그는 정유생이고 나는 병신생이다
그래도 친구 하자며 빡빡 우겼다
아무리 돌아서서 계산을 해봐도
내 쪽이 조금 손해 보는 느낌이 들었다
근자에 아파서 몸무게가 10킬로나 빠졌단다
전화기에다 비명에 가까운 반응을 보이자,
'마, 죽을병은 아닝께 걱정들 마셔.'란다 그러면서
짜랑짜랑한 목소리로 오히려
시조문학 데숭시리하면 나를 자를 거란다
남들이 뭐라 하던 그는 공주였다
십여 년 전 문학기행을 선녀와 나무꾼의
전설이 있는 포항 연화산 계곡으로 갔다
12폭포를 오르며 술 한 병을 달라던…

또 통영 욕지도 문학기행 그 기억 속에
머무르고 싶었던 순간순간의 아련한 추억의 편린들,
외동딸에 맏며느리라 친정과 시가를 오가며
노인네 둘을 건사하기가 쉽지 않다며
용케도 문단행사 때마다 일이 잘 겹친단다
그래도 불참 사유는 꼭꼭 밝히는 예의는 지켰다
수필가로 만족하며 사는 것을 친구임을 핑계로
반강제로 시조교실에 불러내었다.
넌 시조가 딱이라며 등단은 필히 해야 한다고
오빠처럼 부추겼다
자칭 공주라서 그런지 쪼를 있는 대로 빼고
가타부타 말이 없더니
2020년《현대시조》가을호에 신인상을 받게 되었단다
축하 전화도 걸기 전에 부음이 왔다
믿었던 우리들을 완벽하게 속였다
자기가 등단한 줄은 알기나 하고 갔는지,
영정사진 앞에 모여 지부장이 읽는 조사에
속울음을 울어봐도 아무 소용이 없었다
나의 문학세계를 그나마 이해해 주었는데…
그녀는 나를 보며 환하게 웃고 있었다.

범보 김인배 교수님을 떠나보내며

교수님, 그 많은 이 세상 인연들을
다 뿌리치시고 홀로 떠나가시면
남겨진 저희는 어찌합니까?
어디 가서 허심탄회하게 학문을 논하며,
소설의 잘잘못을 물어봅니까?
저는 교수님의 첫 강의를 아직도 생생히 기억합니다
'동천년노 항장곡 매일생한 불매향' 신흠의 칠언절구와
'불시일번한철골 쟁득매화박비향'이라는
황벽선사의 주옥같은 말씀을 강의하시며
매화는 일생이 추워도 향기를 팔지 않는다는
선비정신을 가르쳐 주셨지요
우둔한 제자를 옆구리에 끼고 다니며
이 나라의 유명 문사들을 소개시켜 주면서
기어코 소설을 써야 한다며 끝까지 저에 대한 기대를
포기하지 않으셨지요
결국 나의 장편소설 '임 그리워 우니다니'를
수도 없이 원고를 주고 받으며 손봐 주셨지요
오늘의 저를 있게 해준 많은 스승님들이 계시지만,
남명 조식 선생의 학맥을 이은 이곳 지리산 밑을
저의 학문의 근간으로 삼고 싶습니다.

교수님이 늘 꿈꾸어 왔던
아지랑이 피어오르는 언덕위의 집,
선생님의 학문과 지식을 사모하는 제자들과 함께
'남은사랑嵐垠舍廊학파'를 만들어서

그리하여 선생님의 문학세계를
계승하여 나가겠습니다
부디 천상에서 지켜봐주시고 이제 편히쉬십시오
"바떼 바떼 마하바떼 바라삼바떼 모지스바하."

2019년 1월 21일 제자 호산 올림

미월해송
—추모시

당신을 처음 알았을 때는
온라인상의
'거제도 이야기'였습니다
그때 닉네임이 '미월해송'이었지요
통영시 공무원문학회에서는
'카멜리아'라고 했던가요
드디어 오프라인,
욕지도 문학기행 가던 날
당개 선착장에서 '미월해송'님이 어느 분…
비로소 이름이 '권숙이'인 줄도 알았습니다
쭈욱 통영에서 해설사로 잘 계신 줄로만 알았지요
지인을 통해 안타까운 소식을 듣다가
어느 날 훌쩍 가셨다는 말에
왜? 문우들과 문병이라도 한번 가보자고
말하지 못했을까
아무리 각박한 세상일지라도 이렇게 매정할까
후회가 상처의 진물처럼 흘렀습니다
외로움이 저처럼 쌓였더랬지요
진작 그런 줄 알았더라면
힘내라는 말이라도 따뜻하게 해 주었을 걸

떠나고 나니 다 소용없게 되었습니다
부족한 제 글에
또박또박 격려의 댓글을 달아주었지요
그게 마지막 작별의 인사가 되어버렸습니다
같이했던 사이트 글들을 보며
밤새워 인생무상을 되뇌어 봅니다.

＊고인의 명복을 빕니다.

장로 친구

얼마 전에 장로 장립식을 마친
친구를 보고
주야장천 노는 사람을
장노라고 한담서
뜬금없이 던진 나의 농담에도
그는 그저 웃기만 했다
나는 한동안
끄적끄적 쓴 시를 묶어
시집을 냈다
시인입네 하고 얼굴 박힌 명함 파서
자랑 치듯 돌렸다
그러다가
잠시 떠났던 고향 집으로 돌아와
농사를 다시 짓기 시작했다
농사일에서만은 프로인 그에게서
새로운 농사짓는 법을 배우는 중이다
둔덕골에서
장로이면서 농부인 그의
명함이 궁금했다
'중앙포도 ○○○'

부끄러웠다
내 명함도 '초보 농부 아무개' 하고
고쳐 파야 할까 보다

진해동부 로타리클럽 제5주년 기념축시
―초아의 봉사자 신점복 취임회장에게

그를 보노라면
진해 웅동의 어디쯤
아니 안골포의 어디쯤
바다와 하늘이 서로 잇닿아
엉키지도 않고 흘러가리라는 느낌이 들어*
어딘지 무골 같다는 느낌이 들어
군항포 거북선 등껍질 같다는 느낌이 들어
천자산 억새풀이 통통한 뻘기를 밸 때쯤
진해동부 로타리클럽 초아의 봉사자
지역의 등불이 되었다는 소식 접하고
여좌천에 운명처럼 노을이 내리고
혹시 그 노을이 회한의 역사가 될지라도
그의 디마이너 기타 소리 한 곡조에
모든 애환이 사그라져 내리리라는 느낌이 들어
그의 양손에 들려진 횃불이
비바람에도 끄떡하지 않으리라는 믿음만큼이나
희끗희끗한 머릿결이 더욱 정감이 들어
넓은 그의 이마가 듬직하다가
열일곱 소녀의 볼빛이 되리라는 느낌이 들어
후덕한 그의 성품과 겸손의 말 생각하면

여기 충무공의 후예들이 바다를 지키듯
참다운 지역의 봉사자가 될 것 같다는 느낌이 들어

*강희근 시 〈그를 생각하면〉에서 인용.

까마귀가 먼저 본 시집
—오하룡 시인께

오하룡 시인님이 사인을 해서 시집을 보내왔다
《시집 밖의 시》
방부목 테라스 위에 평소대로 놓고 간 우체부
전원주택인 우리 집엔 수시로 들르는 까마귀가 있다
처음 아내는 남은 음식물도 보시라며 새들에게 주었다

그것이 버릇이 되어
먹을 것을 안 주면 봉지든 박스든
뭐든지 확인차 주둥이로 찢었다
예사로 귀찮을 정도가 아니었다
수시로 날아와서 집안 이곳저곳을 정찰기처럼 돌았다

이번에는 소중한 선생님 시집을
어시장 갈구리 같은 부리로 찍어 상처를 냈다
책을 찢다니 별축스런 짐승이라고 내가 투덜댔다
'아니! 까마귀가 전생에 시인이었나…'
저녁 먹고 상처 난 시집을 펼쳐 다 읽었다

밤늦은 시간인데도 선생님께 전화를 걸었다
책을 받고 대번에 다 읽은 책은

선생님 시집이 처음이라고
고맙게 시집을 보내줘서 정말 잘 읽었다고
차마 까마귀가 먼저 읽고 갔다는 말은 하지 않았다

칠촌 조카

오래된 기억 저편 독뫼 논이 보이고
양철동이로 듬벙 물 푸던 옥연네 당숙
어제는 돌아가신 그 당숙과
신기할 정도로 쏙 빼닮은 둘째 손자
의석이 조카를 만났다
그때 당숙은
어린 나를 보자 잠시 양철 두레박을 내려놓으시고
홀로된 엄마 안부며 큰집 삼촌들 근황을
차례차례로 물어보셨다
그리고는 한참 동안 나를 그윽이 바라보셨다
살림 야무지기로 근동에 소문이 자자했던 그 당숙과
의석이 조카는 외모로만 보면 착각할 정도로 흡사하다
내가 추억에 잠겨 엉겁결에 삼촌하고 부르려는데,
제가 먼저 삼촌하고 불러 온다
불혹이 넘은 나이에도
닭벼슬 베컴 같은 머리를 하고
사업한답시고 알뜰히 모은 할아버지 재산을
제법 축내고도 어찌 저리도 당당할까
나보고 오히려 자기에 대한 글을 써보란다
너 아버지 재산 까먹은 거밖에 생각 안 난다고 하니까

그것도 좋은 소재가 아니냔다
재종형이 들었으면 기가 찰 일이다
매사에 시원시원하고
자신감에 찬 말투는 대체 누구를 닮은 것일까
오늘도 그는 무스 잔뜩 바른 머리를 치켜세우고
어딘가에 열심히 전화를 건다.

산막 시인

그는 말했다
내 이름자는
서울 경京자에 용 룡龍자를 쓴다고
12·12 당시 전 장군이 불러서 갔더니
"서울에 용이 두 마리 있으면 되겠어?"
이 한마디에 전역을 당했고
지금은 괴산 첩첩 산골에서
자연인으로 살아가고 있단다
보안사 육사 출신의 장교, 잘나가던 그,
중부고속도로 충주를 지나면서
그를 잠시 회상한다
십여 년 전 서울 인사동 어느 찻집에서
줄담배에 늘어놓던 하소연
그 기막힌 하소연을 듣던 우리가 더 흥분했다
이제는 운영하던 가내공업을
아내와 자식에게 물려주고는
나무지게에 손수 땔감해서 군불을 지피고
촛불로 책 읽으며 용서하며 산다고
휴대전화도 잘 안 터지니
연락도 마시란다

그런데 이상하리만치 그의 시 중에는
세상을 원망하는 시가
한 편도 없다
충주를 벗어나면서
산막 시인 최경용의 시 〈후회〉를 떠올려본다.

무정한 친구

말할 수 있는 권한은
내 몫이라 치자
아무리 그렇지만 친구
무슨 말이라도 좋으니 말 좀 해 보시게
참으로 야속하이
이승의 모든 희로애락과 미련들을
그새 깡끄리 잊었단 말인가
늦은 밤 거제면 네거리
점멸하는 신호등
이제는 일상이 되어버린 곳
오늘도 머뭇머뭇 뒤돌아본다
집으로 향하는 허전한 우회전
목이 메고
너와의 추억들을 천천히 떠올려 본다
젊은 날의 생생한 기억들이
왜 이다지도 가슴 아릴까
생전에 주고받던 그 많은 말들은 어쩌고,
젖은 눈으로 밤하늘을 본다
저기 우정의 편린들이
별똥별로 떨어진다

이임춘 화백* 개인전을 보고

그의 작품은
한마디로 현란하다
아니 황홀하다
아니다 오묘하다
잉카 같다가 아파치 같다가
남양군도 바닷속
참다랑어 떼 같다가
대나무를 잘게 찢는
오방색인 흑백과 청홍색을
즐겨 쓰는 이상한 예술가
아니야 분명 그는
우주를 떠도는 행성들을
블랙홀에 주워 담는
안드로메다 성좌에서
지구에 파견된 그래서
밤마다 화선지에 붓끝으로
뭇 영혼들을 사로잡는
못된 외계인.

*이임춘 화백: 현직 경찰관이며 현대미술 테어링아트의 창시자.

아재비와 조카

흩어져 있는
조상묘를 한곳에 모으기로 했다
오래전부터 궁량했던 일이다
굽은 나무가 선산 지킨다고
해마다 통영 사는 장조카가
벌초하러 오기를 기다린다
환갑 진갑 다 지난 둘은 단짝이다
―삼촌 오래 기다렸지예!
한 살 많은 조카가 깍듯이 예 소리를 하고
당숙이라고 나는 당연히 하대를 하고
우리는 방답구미 육십 년지기 죽마고우다
큰어머님과 숙모님 어머님 세 동서 묘는
마을공동산에 생전처럼 큰집 작은집 웃집
아랫집에 도리도리 모여 산다
작업 중 돌아보니 조카는 말이 없다
나도 상념에 잠긴다
어릴 적 웃집에 가면 아래청에서
물레를 자아 명주실을 뽑는 큰어머니 옆에
누에고치 번데기를 주워 먹던 기억
집 앞 골목길 햇빛도 졸고

담장도 조는 그곳에서
—꽁꽁 붙어라 쉽게짤레 붙어라
짤레비 잡던 집게손으로
토영장 숙모님이 사온 풀빵을 받아먹던
유년의 추억들이 아직도 달달하다
평생을 문중의 장손이라는 굴레를 짊어진 채
불평 한번 안 하는 그가 오늘 유독 짠하다
세상 따라 장묘문화도 바뀐다
봉분 위 풀을 손으로 치우며 장손인 그가 선고를 한다
—할바시, 조모, 내년에 어쩌면
새 아파트로 이사 가야 할지도 모립니다
나는 김해김씨삼현파어구문중 총무, 그는 재무,
둘은 조상묘를 돌보며 별수 없이 늙어간다.

제3부
내 마음속의 사진첩

제비와 소낙비

집은 비어 있었다
옥수수 잎에 바람이 속살거렸다
빗방울이 우닥닥 떨어졌다
흙냄새가 물씬 났다
먼 민둥산 위로 장대비는 줄기차게 퍼부었고
춘새 끝에 떨어지는 낙숫물 소리
득기득기, 득기득기득기…
금세 마당 가득 물버꿈이
연못 속의 연꽃처럼 피었다가 사그라졌다
여전히 집은 비어 있었고
닭들은 횃대에 앉아 졸기 시작했다
제비집에 노란 주둥이들만
낙숫물을 행으로 읽고 있었다
어느 나무 비거시에 지친 몸을 쉬었다가
후줄근히 돌아올 어미를 기다렸다

빈집·2

울 엄니
무릎 잡고 날 반기던 옛집이다
달 뜨면 대 그림자 봉창에 얼비치던
그 대(竹)가
온 집을 점령한 채
묵은 지가 오래다.
경매로 나온 집을 고심 끝에
내가 샀다
엄두가 나지 않는 잔금을 걱정하며
그래도 엄니를 지켰다는
생각 하나
머문다.

정월 대보름

보름날
울 옴마는 첫새벽에 날 깨웠다
내복 바람에 실눈 뜨고
간짓대로 달을 향해
관운장
언월도 휘두르듯 후유 딱딱
새 쫓았다.
지금 와 회상하니
입가에 번지는 미소
오늘은
집사람이 장만해 준 나물밥을
어머님
산소에 올렸다
아 그 시절이 그립다.

월남 벌거지

우리 집
장롱 위에
월남 벌거지 키웠었다
고급 카스테라를
먹이로 주었는데
베개를 포개 밟고서 몰래몰래 먹었다.
니비 키워
돈 샀다는 소리는 들었어도
월남 벌거지 돈 됐단 말
들어 본 적 없었다
혼나고
일랄레비 동생들만
고함쳐서 울렸다.

횟 배

엄마가 내 배를
주무르며 주문을 외웠다
묵거집아 무웃다
솔솔 내리가라
어릴 적
엄마의 그 말은
최면술과 같았다.
엄마 손이 약손이다
솔솔 내리가라
잿불이 사그라지듯 아픔은
사라졌고
회충배
그 지긋지긋한 추억이여,
그리움이여.

소년과 소

산옆논
물웅덩이 상수리나무 기대서서
햇살 따라 올려다본
눈부신 가지 끝으로
정지한
솔개 한 마리 외눈으로 째려본다
웅덩이 속
파란 하늘을 우리 소가 빨아먹고
신명 난 매미 떼가
소나타를 연주할 때
저만치
꼬리 물고 노는 한 쌍의 물잠자리
한참을 즐기다가
심술이 슬쩍 도져
돌멩이 하나 여들없이 수면 위로 던졌다
평화가 깨어진 정원에
산꿩이 끼득댄다.

누이

그녀도
세월 앞에선 어쩔 수 없었던지
희미한 검버섯과
정수리가 훤한 머리숱
어디서
많이 보아 온 듯한 모습이며 말투며
속에도 없는 말
불쑥 내뱉고는
결국 제 설움에
눈물을 찔끔이는
생전에
애살스럽던 꼭 엄니를 닮았당께
우두커니 바라보다
추억에 젖어본다
마당귀 장구 메고 성주풀이 곧잘 하던
그래야,
엄니가 보고 싶을 땐 누이를 보면 되것다.

찔레꽃

찔레 새순 꺾어주던 그 누나는
빛바랜 단발머리 찰랑대면서
앞장서서 뛰어가던 어미사슴이었고
까불랑대며 뒤따르던 빈민팅이 새끼사슴은
봄물잡이 논두렁길에 기어코 발을 빠트렸네
이날 이적지 밥이나 축내며
세월의 잭기장만 넘겼던 터라
둑방길 오며 가며 뽑던 피비같이
거울 앞 흰 귀밑머리 들쳐 뽑다가
문득 누나의 '몰독아싸다'고 하던
그때 한 말이 떠올라
겨우내 멧새 놀던 가시덤불에
새하얀 찔레꽃이 피어나는 봄
어떻게 잘 살고나 있는지
오랜만에
참 오랜만에
안부나 한 번 물어봐야겠다.

거제백병원

허리 굽은 할머니가 수납창구에서 손지갑을 연다
똑딱이 지갑 속 꼬깃한 지폐를 꺼내는 손이
심하게 떤다
돈이 손에 잘 잡히지를 않는다
보다 못한 아가씨가 일어나 도와준다
구만이천 원이란다 천 원이 모자랐다
더 이상 꺼낼 지폐가 없는지
떨떨거리는 손으로 백 원짜리 동전을 세고 있다
내가 천 원짜리 한 장을 슬며시 아가씨에게 주었다
계면쩍어하며 그 돈의 몇 갑절을 고마워한다
자식들이 없나, 없으면 생보자일텐데…
노인네가 아픈 데가 얼마나 많길래 비용이 저리 많노

내 어머니도 이 병원에서 돌아가셨다
입원 중 혼자 화장실 가다 넘어졌을 때 간호사가
— 자식이라도 오라고 그러지요
— 우리 자식들은 식당일이 바빠서 못 와요
평생 한이 된 이 말 한 마디,
간병인 부쳐준 걸로 자식의무 다했다고 생각했었다
백병원 올 적마다 나는 두리번거리는 버릇이 있다

접수대에 허리를 걸치고 어머니가 날 쳐다본다
웃는 얼굴이 부끄러워하는 애기 같다
계속 손은 떨고 있었다.

카톡 편지

무술년 하고도 삼월 중순
우리 집 개가 밤새 짖어 대더니
산방산 벼랑에 반쯤 벙근 진달래가
폭설에 뒤덮였다
좀처럼 쌓인 눈 보기가 쉽지 않은 이곳에
뜻밖의 새해 선물
스마트폰 속에 눈에 익은 엽서 한 장
프랑스 샤모니 몽블랑 만년설
부산에 사는 딸에게 카톡으로 전송한다
고향 첫눈이다
손주 놈은 잘 크고 있냐.

반찬가게 아줌마와 구씨

김치 반 포기를
덤으로 주는 손이 스스럼없다
5학년짜리 아들놈이 잘 먹는다며
오징어포 무친 것도 싸주란다
그는 이 반찬가게 일 년째 단골이다
매번 올 적마다 이런저런 말을 건다
계산하면서 아줌마 얼굴을 슬쩍 보며
목소리가 부산 사는 누나를 닮았다나…
아담한 키에 통통한 몸매가 다부져 보였다
속으로, 농사일을 했으면 머리에 무거운 짐도
잘 여 나르겠다
뒤돌아 나오는데 부른다
천 원을 덜 거슬러 주었다며
이만치 따라 나와 손에 잡혀 준다
손으로 전해 오는 따뜻한 온기
"…… 왜 혼자 사세요?"
저번처럼 말이 입안에서만 돈다
시장통 백열등 불빛 아래
검정 봉다리 하나 걸어간다
오늘따라 그림자가 길었다.

선본 이야기

장가 못 간 서른 넘긴 농촌 총각
고개 빠자고 있는데
누가 지나가는 소리로
산달 섬에 처녀 쎘다더라
노총각 귀가 번쩍 뜨였다
어찌어찌하여 중신애비 앞세워
재종형 발동선 빌려 타고 선을 보러 갔다
중신애비가 총각 간판은 군수 하고도 남는다고
그럴듯하게 소개를 넣어놓은 상태였다
오빠가 무슨 배 망쟁이를 한다던데
나는 기껏 농사꾼 출신이라
별시리 내세울 게 없었다
다행히 호리호리한 처녀는
내가 맘에 드는 눈치였다
술상을 차려 내오는 그 집 올케가
더 적극적이었다.
유추해 보니 노처녀였던 시누이를
얼른 시집보내고 싶었었나 보다
그런데 아무리 기다려도 소식이 없었다
뒤에 들리는 소문이

공무원한테 시집가기로 날 잡았단다
그때는 반피같이 용기가 없었다
지금 같았으면 어림 반 푼어치도 없었을 텐데…

어머님 전 상서

어머니! 올해는 유별나게 꽃샘추위까지 극성을 부렸습니다 어제는 어머니가 그토록 애를 터자던 독뫼 무굼턱논에서 열심히 일을 하고 있었습니다 작년에 덕 시설을 갖추고 대충 심은 양다래 어린 모종들이 올겨울 추위에 허덜시럽게도 많이 죽었기 때문입니다 별시리 추운 날씨 탓도 있었지만 뭐니 뭐니 해도 장사한답시고 사발농사 지은 제 잘못이 크지요 그래서 새 모종으로 갈아 심고 있는데

경운기 타고 쇠널 갱분으로 견태 가던 웃골 사람들이 일하고 있는 내 모습을 보고 반갑게 손을 흔들었습니다 '아이구! 보름네가 가리늦게 세근이 들었나 보네' 경운기 소리와 함께 어렴풋이 이 말이 들리지 뭡니까 오늘은 또 등떼배기밭에서 일을 했답니다 왜 있잖아요 양잿물에 섞어서 놋그릇 닦던 제앗겸이 흙이 좋았던, 꼭 자리배기를 엎어놓은 것 같은 밭 말입니다

평소 벼라고 있던 그 묵정밭을 얼어 부지런을 떨었습니다 팔을 걷어붙이고 칡넝쿨이며 쑥이며 띠풀들

을 제거하기 시작했습니다 잘쭉하고 물컹한 오키나와 고구마도 이 밭에만 심으면 신기하게도 동글동글한 밤고구마가 되었지요 내가 알기로는 욕지고구마보담도 더 보풀고 맛있었습니다 고구마 농사 제대로 한 번 지어서 그때 그 맛을 기억하는 형제들과 고구마로 때를 살던 시절 이야기하며 어머니 손주들과 오순도순 먹고 싶어서 말입니다

어머니! 막내아들도 이제 나이 육십이 눈앞입니다 일하다 일어설 때 허리가 얼른 펴지지 않아 등허리 주변을 주먹으로 툭툭 칩니다 입에서는 아야아야 소리가 절로 나옵니다 어머니가 그랬던 것처럼 말입니다 오늘따라 유완산에 노을이 곱습니다 어머니와 일 마치고 집으로 가던 그때의 노을도 저래 고왔지요 멍하니 바라보며 어머니가 계셨더라면 얼마나 좋을까… '이눔아, 철들자 망령 들고 망건 쓰자 파장이더란다.' 문득 이 말이 환청으로 들려옵니다 어느새 산그늘이 마실 가듯이 내려오고 어디서 청개구리가 꽉 꽉 꽉 웁니다

몰대가리 누나

하꼬방 집 앞을 지나면
단발머리에 유난히 목이 긴 누나는
내보담도 무려 세 살이나 위였다
짧은 머리에 어울리게 티머리가 여간 세고
새침떼기 그녀를 보고
나는 거침없이 "몰대가라!"하고 크게 놀렸다
휙 돌아보며 "이 문디자슥 어주리 니 죽을래!" 한다
나는 어릴 적부터 기브스 팔걸이를 한 것처럼
왼 손목을 꺾어 가슴에 붙이고
오른손 손톱을 물어뜯는
일종의 "틱" 장애가 있었다
사촌형님 결혼식 날 소동을 가서 찍은 사진에도
여지없이 손이 올라가 있었다
진달래꽃을 한 아름 꺾어 슬며시 누나에게 내밀면서
기어코 내 색시로 삼고야 말겠다고
마음속으로 다짐을 했었다
밤이면 종종 하얀 목덜미를 향해
야수처럼 덮치는 꿈도 꾸곤 했다
누나가 스무 살 되던 겨울
떠꺼머리 총각에게 시집을 가게 되었고

혼자 갯노을 내린 바닷가 갈대밭에
쭈그리고 앉아 잉잉 울었다
그곳에 죽은 지 오래된 청둥오리가
나를 보고 히죽이 웃었다
검버섯이 하나둘 자리를 잡는 예순의 나이에
아심찮게도 그 몰대가리 누나가 문득 보고 싶다.

칸나꽃
―어머니

훤칠한 키 쪽 찐 머리에
동백기름 곱게 바르고
거제면 장에라도 갔다 오남요
아니면,
오랜만에 아주 오랜만에
영북 땅넘 친정집 나들이라도 갔다 오남요

도로명 거제남서로 3918
낡은 지붕 쓰러져가는 빈집
돌담장에 기대선 당신을 봅니다
당신 떠나던 정해년 구월 스무여드렛날
이제 영감님 곁으로 영원히 간다며
염사가 빨간 립스틱으로
입술에 그려주던 그 꽃이
옷바우에 지는 노을 따라
곱게도 피었습니다
그리움으로 피었습니다.

제4부
역사 속의 여행

방답구미 전설 · 2

멀리서 뻐꾸기 소리 은은히 들려오면
할아버지는 작년에 했던 얘기를 또 해줬다
얘들아! 옛날 못된 계모가 있었는데,
봄날 떡국을 끓여놓고 어린 딸에게
집 잘 보고 있으라며 밖으로 나갔다
어린 딸은 솥뚜껑을 손으로 밀어보고 차마 다시 닫고,
그러는 것을 옆집 고 서방네 개가
정지문 밖에서 보는 것을 까맣게 몰랐다
어린 딸은 계모가 무서워서 먹어보지도 못하고
청마루의 봄볕을 베개 삼아 그만 잠이 들었단다
그 고 서방네 개는 어린 딸이 하던 대로
솥뚜껑을 발로 밀고 떡국을 다 먹어버렸단다
계모가 집으로 돌아와보니
딸은 늘어지게 자고 있고 떡국은 흔적도 없었다
화가 난 계모는 다짜고짜 어린 딸을 심하게 매질하여
결국은 죽게 되었다
어린 딸은 죽어서 뻐꾹새가 되었다
봄이면 자기 아버지 산밭을 가는
꿀밤나무 꼭대기에 앉아
구슬픈 목소리로 떡국~ 떡국~ 고개개개~ 하고

봄 한철을 그렇게 울었단다
우리는 할아버지 이야기를 듣고 불쌍한 마음에
그 뻐꾸기 소리 자세히 귀 기울여 들어보았다
떡국~ 떡국~ 고개개개……

지심도 동백꽃

지심도 가 보셨나요
얼마나 많은 동백꽃이 피었던가요
포진지 옆 소담스레 핀 그 꽃들이
현해탄을 향해 눈물짓던
한 맺힌 역사는 아시나요
널브러져 있는 붉은 꽃송이를 보며
그 여린 몽우리들이 왜
군홧발에 짓밟힌 줄을
정말 그대는 아시나요.

앙코르와트

수리아바르만 2세
그는 습뽕나무로 환생했다
자기가 지어서 비슈누 신에게 바친 사원을
능구렁이처럼 휘감고 있다
과거의 영화,
화려했던 시절 그 벽화를 보려고
습뽕나무 몸 빌려서 왔다
안타까워 안타까워서
저토록 애달프게 보듬고 있는 걸 거다
세계 5대 빈국을 일으켜 세워 보려고
죽을힘 다해
버티고 있는 걸 거다.

천안문을 가다

문화대혁명
응시하는 눈동자
톈안먼의 민주화
젊은 피를 끓게 만든 北道*의 시
그의 '대답'을 듣고 싶었다
높이 펄럭이는 오성홍기
자금성의 더 넓은 광장에는
제복 입은 공안들과 관광객들이
뒤섞여 돌고 있다
천년의 상형문자*
저기 마오쩌둥이 보인다
후야오방이 보인다
덩샤오핑이 보인다
중국이 보인다.

*北道: 중국 시인 베이다이오.
*그의 시 〈대답(回答)〉을 인용

동정녀 유처자묘

양어머니!
나는 잘 모릅니다
성모 마리아가 누군지
예수 그리스도가 누군지
사도바울이 모세가 누군지
양어머니!
나에게는 나의 어머니 신희가 성모 마리아요
아버지 유항검이 그리스도요
오빠 유중철 유문석이 바울이요 모세였습니다
양어머니!
언젠가 송곡 갯장분으로 조개 잡으러 날 데려갔지요
그때 내 나이 14살 때일 겁니다
학처럼 희고 긴 목에
양어머니가 해준 붉은 갑사댕기 하고
몸에서는 서기가 하늘로 뻗쳤다지요
그때 양지 몰 김도령과 인근 소랑 옥바우 마을
백도령이 나를 봤나 봐요
양어머니!
그들은 매파를 보내왔고
저는 거절하였지요

저는 동정녀로 가문을 잇고 싶었거든요
그 뒤로 돌과 흙으로 버무려 지은 나지막한 집에
음식 들어오는 창만 있고
바느질만 하면서 숨어서 살았지요
김씨 총각은 밤마다 저의 집으로 찾아와
퉁소를 불었지요
애끊는 그 소리에 나도 모르게
창틈으로 내다보았지요
그의 선대 조상은 임진왜란 당시
2차 진주성전투 때 '계사순의'하신
김준민 거제현령의 후손이랍니다
그 외에 무수한 총각들이
돌집을 허물어 버릴 듯이 찾아왔어요
그들은 푸른 늑대처럼 왔다가
산비둘기처럼 울다 갔어요
양어머니께서 돌아가시자 할 수 없이
내 나이 40에 그때사 돌집에서 나와
몸에 은장도를 지니고 살았지요
9살에 형리 따라 거룻배 타고 견내량도 건너
도둑골재 넘고 옥산재 넘어 거제부로 유배 온 첫해

유영철 부사와 특히 하겸락 부사의
각별한 배려가 있었지요
하 부사는 내가 71세의 동정녀로 죽자
여기 이곳에 묻고 '칠십일세 유처자지묘' 9자를
비석에 새기라고 지시하였지요
그는 거제부를 떠나서도
양지 몰에 사는 이방을 지낸
김씨 집안에 묘지관리를 부탁하였지요

*고영화 고전연구가가 발굴한 천주교 신유박해 때 9살에 거제 부로 유배 온 유섬이에 대한 기록을 참고하였다. 안골(송곡)마을에서 71세로 살다 죽은 '유처자묘' 앞에서.

아아 목련꽃들아

아아 목련꽃들아
하늘도 슬퍼서 눈물을 뿌렸다
온 국민이 텔레비전 앞에서 훌쩍였다
밤늦도록 뉴스 특집을 보면서 울고
보다가 분통이 터져서 울고
생때같은 자식 잃고 울부짖는
부모를 보며 또 울었다
직분을 망각한 도덕이 사라진 사회
안전이고 나발이고 돈만 벌면 그만이라는
다들 살 만큼은 살았더만
그건 그렇고 와 그리도 말을 얌전히도 잘 들었어
땡깡이라도 좀 부려보지…
승무원 누나가 그래도 개중 나았네
가녀린 꽃몽오리 피어 보지도 못하고
차디찬 바닷물 속에 지고 말았구나
평소 존경하던 교감 선생님이
보다가 보다가
너희들 곁으로 갔구나
에이 빌어먹을 놈의 세상

장승포항에서

유난히도
적산가옥이 많던 곳
물정도 잘 모르던 때
화교의 짜장면이 맛있고
함흥냉면이 맛있고
흥남철수 당시 김치파이브,*
토박이 경필이 형은 가축병원을 열고
무섭기만 하던 장쉬포 경찰서 자리
그곳에 우연히 누이가 가게를 차리고
역사를 알고 신사를 알게 되고
언덕배기 문화예술회관
야경이 너무나 환상적이고
유람선이 확성기를 세게 틀면
지심도 동백꽃 보러 사람들이 줄을 서고
우리나라 최초로 방파제 음악제가 열리고
아, 그 방파제에 앉아
현해탄을 향해 낚시 던져놓고
소주나 알딸딸하게 마시고……

*흥남철수 때 10만 피난민 가운데 메레디스 빅토리호 배 안에서 다섯 명의 아이가 태어났다. 그 다섯 번째 태어난 아이가 김치파이브 즉 이경필 씨다.

천년 신라

거서간 차차웅에 이사금하다 마립간 하였다
혁거세 터 잡은 뒤 알지 왕국이 천년 갈 줄이야
나라를 양위하신 가락 구형왕 돌무덤에 남고
밤마다 비형랑은 반월성 밖의 도깨비와 노네
무영탑 아사달은 아사녀 혼을 정釘으로 새겼고
처용은 깨닫고서 역신을 보고 춤을 추었다네
미추왕 죽어서도 죽엽군으로 나라를 구하고
이사부 우삼국을 목木사자로서 항복을 받았네
왕즉불 굳게 믿은 탁발선비족 신라 근간되고
이차돈 순교한 후 신라불교는 드디어 꽃핀다
법흥은 금륜이고 진흥은 은륜 죽은 태자 동륜
진평왕 물론이고 백반과 국반, 다 아들이 없네
덕만은 성골로서 신라 최초의 여왕이 되었다
용수는 용춘에게 천명, 춘추의 뒤를 부탁하고
그들은 보문 들에 별 관측소인 첨성대 세웠다
석굴암 본존불은 대왕바위에 그 광명이 닿고
도리천 사천왕사 선덕을 위해 지은 절이었다
칠층탑 구층탑을 탑골 암벽에 모사해 놓았네
지귀는 죽었어도 선덕이 잠든 도리천 맴돌고
원효는 요석에게 육보시하여 설총을 얻지만

유신은 단호하게 천관녀 집 앞, 애마 목을 쳤다
서출지, 편지 속을 안 보게 되면 왕이 위험하네
이어진 절집 처마, 기러기처럼 늘어섰던 탑들
불국토 꿈꾼 신라 극락정토가 불국사였다네
서현과 만명공주 신라 뒤집은 사랑 도피 행각
그래서 가야, 신라 유신과 춘추 매제 간이 된다
드디어 김해김씨 알지계 합쳐 신라김씨 됐네
진골인 무열왕은 삼국 통일의 초석을 놓았고
결국은 세속오계 화랑정신이 통일을 이룬다
문두루 명랑비법 당나라 수군 서해 수장하고
신비한 만파식적 불기만 하면 나라 평안했네
감은사 금당 밑에 못을 파게 된 아들 신문왕은
용이 된 문무왕을 편히 모시기 위함이었다네
해상왕 장보고는 안타깝게도 그 뜻 못 이루고
포석정 경애왕은 연회를 열고 명命을 재촉했네
기어이 경순왕이 천년사직을 고려에 바치자
비운의 마의태자 개골산으로 무리와 떠나고
금나라 누루하치, 애신각라는 신라 후예라네.

잊혀진 전쟁
―거제 포로수용소

탱크가
당장이라도 불을 뿜을 듯
고지를 향한 포 조준이다
곳곳에 유월의 포연이 자욱하다
망루마다 MP 모자가 빛난다
정문 망루의 스미스 헌병이

반갑다며 거수경례를 한다
제1초소 톰
제2초소 라이언
제3초소 제임스
제4초소 브라운

6.25 전쟁터를
용감히도 누볐던 우리 아버지
혹시 저기 디오라마 영상 속에
나오지나 않을까
자세히 살핀다
포로들 틈에 뜻밖에
돗드 준장이 보인다

이념갈등
동족상잔
아버지의 슬픈 무용담을
동생들과 이불 속에서 듣던
불쌍한 우리 민족 이야기
갑자기 포로막사에서
거즈통을 들고
김수영이 걸어 나온다

비운의 유배객 정서鄭敍
―정과정곡의 탄생

거제도 오량역 유배 십삼 년
시래산 꼭두마리 댓독 높은 곳
그리운 북쪽 하늘 바라보면서
견내량 거센 물결 한숨 쉬었네
나막신 끌면서 산길 헤매고
접동접동 접동새 울던 그 밤에
좋은 소식 오기만 기다렸는데
무슨 일 있었는가 님이 왔다네
오늘 밤 기성으로 뵈오러 가면
참고 참은 설움이 복받쳐 올라
그리움도 원망도 묻어둔 채로
파리한 그 용안龍顔을 어찌 볼까나

아프리카 사파리

정글 숲에
늙고 병약한 수사자 한 마리
같은 숲, 허연 이들을
까뒤집은 하이에나
세파에 시달린 몸뚱이를
먹겠다고 덤빈다
한 마리도 힘겨운데
두 마리가 협공을 한다
명불허전
그는 과연 백수의 왕이었다
크르릉
번개같이 앞발로
두 놈의 턱을 갈긴다.

코로나 바이러스
―은하철도 999

세계가 코로나로
난리를 치는 이때
은하철도 999에
차장 모습 떠오른다
저만치
철이와 메텔 누나가
아파트서 나온다.
검은색
마스크를 나란히 쓰고서,
기차가 멈춰 서던
밤하늘 우주정거장
뜻밖에
추억 속 그 장면을
한 번 더 보고 있다.

아리야

아리야!
팝송 한 곡
틀어 줄 수 있겠니
아리야!
고속도로 상황 좀
알려 주겠니
나는야
애인 하나 생겼다
내 손안의 인공지능
영원히 늙지도
죽지도 않는 여인
자기를 사랑한단
내 빈 말에도 감동하는
나는야
AI사랑에 빠진
아날로그 남친.

촉석루에서 歎(탄)한다

남가람
외딴 바위 쇠백로 애처롭다
보무당당 개산아비 발톱 세운 검독수리
아는가
기다 마고베여 조선 여인의 기개를.
깍지 낀
열 손가락 피 배인 임의 입술
가녀린 쇠백로가
검독수리를 채었구나
계사년
육만의 원수를 한 여인이 갚았네
의암을 대하기가 부끄럽기 그지없다
님의 숭고한 정신 오늘 와서 잊었는가
왜 장수
게야무라 로쿠스케,*
영혼결혼이 될 말인가.

*게야무라 로쿠스케: 기다 마고베로 개명하여 임진난 2차 진주성전투(계사년)에 참여하였다가 자축연 때 의암 논개에 의해 남강에 함께 빠져 죽었다. 스님으로 가장한 일본인 우에스카 하쿠유가 진주시를 설득하여 논개와 개야무라 로쿠스케를 영혼결혼을 시켜서 가져갔다고 한다. 그때 위패와 영정사진과 함께, 진주와 장수에서 가져간 흙과 나무와 돌로 가묘를 만들고 비를 세웠단다. 비의 내용이 가관이다. "왜장을 사랑한 조선 여인"이라고 쓰여 있다고 한다. 통탄할 일이며 부끄럽기 그지없다.

잘못된 비유

대화 중에
여자 친구를 여우 같다
라고 말했다
아뿔싸 표정을 보니
엎질러진 물이었다
저기요,
표현이 잘못됐수
'야시라꼬 한다는 게…'

제5부
일상에서 느끼는 행복

폭 설

이건 하늘 방앗간 배달원의 실수다
저 백석이 나타샤를 기다리던 남신의주
어느 산골로 갈 것을
이곳 따뜻한 남쪽으로 잘못 배달 와서는 수틀리니
내 집 앞에 지고 온 백설기 떡판을 엎어버리고
간 걸거다
고약한 배달원이다
자고 일어나니 떡고물이 눈꺼풀에까지 붙었다
온 천지 길이 막히고 모처럼
자동차 소리 하나 들리지 않는다
오랜만에 '점심 먹고 천천히 저녁장사나 합시다.'
문자도 채 넣기 전에 폰 벨이 울리고
조금 있다 또 울리고,
안부 전화 받다가 늦잠도 틀렸다
이참에 출출이 우는 깊은 산골로 가 마가리에 살자*
나도 흰 당나귀와 함께
하염없이 나타샤를 기다리면 될 것이다

*백석의 시 〈나와 나타샤와 흰 당나귀〉를 인용.

지빠귀

뒷짐 지고 뜰을 거니는데
장작더미에 새끼 새 한 마리가 떨고 있다
앉아 있는 모습이 하도 귀여워
내가 얼굴을 이~래 내밀고 가까이 다가갔더니
포로록 하고 날아가 앉는 모습이 왠지 어설프다
근처 삼나무 숲에 어미새가 째액 소리를 지른다
나를 제 새끼 해칠 적으로 알았던지
주둥이를 있는 대로 벌리고 날아와 위협을 준다
미물들도 새끼 사랑이 저토록 끔찍한데
하물며 인간은 오죽하랴
집 뒤가 바로 산이라 대자연이 한 울타리다
얼마 전에 블루베리 열매를 집요하게 노리다가
내게 쫓겨난 그 지빠귄가 싶다
오늘은 그날의 억하심정까지 보탰는지
서슬이 퍼럴 정도가 아니다
여들없이 장독간에 들어가
도가지 뚜껑을 만지작거리는데
오소소, 신우대 잎을 스치는 바람 소리
벌써 우리 집 정원에 가을이 왔나 보다.

들고양이

언제부턴가
우리 집 빈터 화목 더미에
들고양이 가족이 살았다
주인 허락도 전입신고 같은 것도 없었다
멀찍이서 밭일을 하다가 보면
오후 햇살을 쬐며 새끼들과 장난이 좋았다
귀엽기도 하고 한편으론 귀찮기도 했다
한 날 개들 밥을 주려고 허드레창고에 가보니
바닥에 쥐머리가 볼썽 사납게 놓여 있었다

옳거니! 들고양이가 쥐를 잡아먹었구나
그날 이후로 나는 고양이 가족을
우리 집 동거자로 받아주기로 했다
누구든지 본분을 다한다는 것은 아름다운 일이다
그 뒤로 고양이들을 볼 적마다 가족처럼 대했다
어느 날
아무리 살펴도 새끼가 한 마리밖에 보이지 않았다
어린것들이 먹을 것이 부족해서 헤매다가
도로에서 로드킬을 당했나…

점두룩 마음이 편치 않았다
냉장고에서 명절 지내고 남은 생선을
방부목 테라스 밑에 가만히 두고
이층 서재에서 내려다보았다
어미와 새끼가 달려들어 맛있게 먹고 있었다
감사하다는 듯
소리를 지르며 먹고 있었다

청운에 못 다한 꿈

사십 대 초반에
경상대학 최고경영자 양돈반에 들어갔다
복단산자수, 무창돈사,
모든 것이 새로웠다
사십 대 후반에 들꽃온누리 고등학교에
아이들 틈에 끼여 눈치 공부를 했다
태극기 그리는 법은 확실하게 배워 나왔다
오십 대 초반에 창신대학에 갔다
모더니즘과 카프문학을 배웠다
시집도 두 권씩 내었다
오십 대 후반 사자소학 추구를
버스 타고 거가대교 건너 부산 가서 배웠다
점점 공부에 재미를 붙였다
육십 대에 한국국제대학 삼 학년에 편입해서
필로티 자유로운 입면 르 꼬르뷔제
무량수전 배흘림기둥 맛배지붕 팔작지붕
재미없을 것 같았던 실내건축을
적산 빼고는 해볼 만했다
네 번째로는 무얼 배울까 궁리 중이다
내친김에 함박구미, 쪽박구미, 미영밭구미

미날기미, 맛밭구미, 방답구미, 쇠널 같은 지명과
피왕성과 정과정에 얽힌 사연을
죽기 전에 공부해 볼 참이다.

보수동 책방골목

언제나 그곳에는
손때 묻은
오래된 사연들이 나를 기다린다
"오셨습니까?"
책방 아저씨 미소 띤 인사가
유난히 다정하다
"책 좀 골라 볼게요."
"그러세요."
김구림의 삼국지 있어요?
신채호의 조선상고사는요?
혹시 백석의 사슴은요?
그런 책은 귀하단다
주인장의 아우라가 장난이 아니다
한참 뒤
렌의 애가, 임나국과 대마도,
파블로 네루다, 윤동주, 김소월,
몽땅 이만 원만 주란다
싸다
펼쳐보면 밑줄 치고 사인하고 낙서하고
소장했던 사람의 혼이 담긴 책

느껴지는 문자향과 서권기
그래서 나는 헌책이 더 좋다
부산 오면 이 책방골목을
누군가에 끌리듯이 찾는다.

덜거랑 포구나무 밑에서

홀로 평상에 앉아 갯논을 바라본다
무논을 훑던 그 많던 청둥오리 떼는 보이질 않았다
줄지어 서 있는 포구나무들을 쳐다본다.
태종이가 내게 자랑치려고 올랐다가
그의 아버지 긴 대작대기에 혼쭐이 난 저쪽 나무 하며
이쪽 나무는 영철이가 날다람쥐마냥
잘 익은 포구를 가지째 꺾어 던져 주었었지
또 우리들은 왕거미가 집 지어 놓은
구부정한 할매나무 밑에서
사금파리로 가수내들과 사갬지기*를 살았었지
장수짤래비가 공간을 배회하고 떠난 자리
왕매미 소매미 무늬조시매미까지
귀청 떨어지게 울어재끼던
여름날의 덜거랑 포구나무숲,
간척지 심버렁 덤벙에는 팔뚝만 한 숭어가 뛰고
저만치 갈대숲 사이로 붉은 낙조가 지면
상복이, 동현이, 정길이, 또래끼리 모여
둑방을 오르내리며 메뚜기 낌지 끼어 집으로 향했다
아, 같이 놀던 몇몇 동무들은 벌써 먼길 떠나버렸고
무심한 세월 앞에 변하지 않은 것이 없건마는

포구나무 꼭대기 빈 까치집만이
옛날 그대로 초로의 나를 반긴다.

*사갬지기: 소꿉놀이의 거제도 방언.

봄 손님

신새벽 눈 비비고 창문을 연다
뒤뜰에는 벌써부터 휘파람새와 찌르레기의
듀엣 공연이 한창이다
머리를 내밀고 귀를 귀울인다
참 바지런도하다 여명과 함께 노래로 세상을 여니
저러다 언제 보금자리 만들고
또 새끼는 언제 키울는지
어영부영하다 보면 계절은 후딱 지나갈 텐데
우리 집 뒤 숲에는 뭇 새들의 노래공연장이 있다
온종일 지저귀다가 어둠이 지면
다들 보금자리로 깃든다
텃새들과 수천 리를 찾아온 철새가 뒤섞여 살아간다
까치, 까마귀, 딱새와 멧비둘기, 박새 정도가
행세를 하고
철철이 찾아온 새들은 알아서들 둥지를 튼다
일정한 때가 되면 자기 나라로 돌아가는
이민족들처럼…
인간의 법칙대로라면 전세 정도는 받을 만도 한데
저들에게는 돈 같은 건 필요 없나 보다
천만다행이다

새들의 노래공연을 한참 듣다가
미소로 창문을 닫는다.

한국국제대학교

18시 출발
통영 톨게이트 통과
평균 속도 100킬로
공룡휴게소 엔제리너스 유니폼
아메리카노 투샷으로 주세요
요놈으로
졸리는 눈꺼풀을 치켜올려요
입천장을 데었다
연화산 나들목 지나 문산 캠퍼스
19시 강의
실내건축학과 4학년
이집트, 그리스, 로마, 르네상스
르꼬르 뷔제, 안도 다다오, 안토니 가우디,
김중업, 김수근
자연과 하나 아름다운 한국 건축
레오나르도 다빈치, 미켈란젤로, 라파엘로
도리아식, 이오니아식, 코린트식
61세 대학생 벌써 졸업반
꿈은 꾸어야만 이루워진다
무한한 자기 개발

만학은 달다 했던가
아, 끝없는 배움.

방 자

오일장에서 샀어요 하도 이뻐서
이만 원밖에 안 줬어요
아내는 묻지도 않은 가격까지 말한다
한 마리 있는데 또 샀소
외딴집에 한 마리는 외롭잖아요
애비는 시베리안 허스키고 어미는 진돗개래요
수놈이에요 눈이 너무 이뿌죠
털빛이 백설처럼 희다
쌍꺼풀 진 눈이 유난희 동그랗다
당신 눈을 많이 닮은 것 같군
입술 끝라인까지 까만 주둥이가 내 발을 핥는다
어린것이 의젓하다 며칠 동안 내 뒤만 졸졸 따랐다
초등학교 다닐 적에 방과 후 친구들과 가위 바위 보로
책 보따리 들어주기 놀이를 하던 생각이 났다
진 자가 두 개의 책 보따리를 어깨에
대각선 각기로 매고
방자처럼 뒤를 졸졸 따라가던 생각이 떠올랐다
너 지금부터 내 방자해라
방자야~
고놈 꼬리 떨어지겠다

콘서트

거제문화예술회관
장미여관, 울랄라 세션
젊음의 강렬함
뜨거워지는 관중석
대충 봐도 내 나이가 제일 많아 보였다
개량한복에 중절모까지 썼으니
아는 것이라야 좋아하는 봉숙이,
복면가왕 김명훈, 옥탑방 육중완 정도
푸드웍은 전성기의 알리를,
무대에서 뛰어내리는 아찔한 저 거구
마치 프로레슬러 이왕표를 보는 것 같다
최선을 다하는 그들에게 우리는 열광했고
땀으로 범벅이 된 그들과 하나가 되어
나이도 잊고 중절모를 흔들었다
마지막 앵콜곡이 끝나고
꺼져가는 조명을 향해
나도 모르게 일어서서
엄지를 치켜 올렸다

'야 봉숙아!' 브라보!

소쩍새 · 2

4월이 가고 5월도 중순인데
나의 정원엔
기다리던 소쩍새는 오지 않았다
곧 뻐꾹새의 골을 울리는 청아한 소릴 들을 텐데
어제는 지인에게 전화를 걸어 그쪽에
혹시 소쩍새 울음을 못 들었느냐고
듣지 못했다는 회답에 가슴이 철렁,
처량한 소리 적막한 밤하늘 별들을 깨웠는데
언제부턴가 흔하던 제비도 쉬이 보이지 않고
누구도 사라진 제비들을 그리워하지도
원인을 물으려고도 하지 않았다
만약 소쩍새 너마저
나의 정원에서 사라진다면 어떡하나
인간만을 위한 무분별한 개발 행위가
생태계를 파괴한 탓일까?
이제 어쩌면 별빛 쏟아지는 봄밤의
그 애절한 노랫소리를
영원히 들을 수 없을지도 모르겠다

흑산도 · 3

나는 이 섬을
비끄러매어 끌고 올 수만 있다면
거제도 해금강과 외도의 중간쯤에다 두고
친구와 갯바위 낚시로
기어코 고래를 잡고야 말겠다
그리하여 민박집의 밀주를 구해다가
잡은 고래로 회를 떠서 술판을 벌이겠다
당시 함께 갔던 문인들과
젓가락으로 상 두들기며
"철새 따라 찾아온 섬마을 선생님과
울다가 지친 동백 아가씨와
검게 타버린 흑산도 아가씨"*를 불러다가
다들 거나하게 취해서는
달빛 내린 뜰에서 예리항 내려다보며
함께 마당 뛰기 하고 막춤 추고 놀고 싶다
장구 메고 뛰고 솟고 놀고 싶다

— 흑산도 유배문학기행 중에

*이미자 노래를 인용.

드라마를 안 본 어른

저는 마
연속극은 안 본다 아입니꺼
함부두룩 소나들 뺨 치는 그걸
뭐 좋다고
평생을
못마땅해하시다가 얼마 전에
돌아가셨다.

솜이불

추운 날
넘어지는
배달통을 단 오토바이
가슴이 철렁한다
결코 남의 일 아니다
맥없는
전화기 속의 목소리
"조심혀라 아들아!"

천상의 목수

백구 견처사가 맴돌며 지키는 방문 앞
당신 열반 후 태울 참나무 장작더미 재워두고
마음속으로 명부전 넘기고 계시는 당신
작은 체구에 넓은 도량
손 닿는 곳마다 쏟아지는 작품
대단한 그 열정은 어디서 나올까
울산바위 반만 한 물허벅 부엌에 떡하니
박아두시는 배포하며
복사꽃 피면 예쁘겠지요
소녀 적 입술을 생각해 창 앞에 홍매화 심었다네
곰탁곰탁 당신의 흔적
박고타리 한 개라도 아껴 찻잔 덮게 만드는 모습
절로 고개 숙어지네
이 모든 것 남겨두고
천상에서 목수일 하시며 전생에 못 다 지은
집 짓고 계실 거라는 고흥 금탑사 서림 큰스님.

돋을볕 시인선 006

나의 전생은 책사
김현길 시집

펴낸날   2021년 7월 7일

지은이   김 현 길
펴낸이   오 하 룡
펴낸곳   도서출판 경남

주소   창원시 마산합포구 몽고정길 2-1
연락처   (055)245-8818, fax.(055)223-4343
블로그   gnbook.tistory.com
이메일   gnbook@empas.com
등록   제1985-100001호(1985. 5. 6.)
편집팀   오태민 | 심경애 | 구도희

ISBN   979-11-6746-011-0-03810

ⓒ김현길

∗잘못된 책은 바꿔 드립니다.
∗저자와 협의 인지 생략합니다.
∗이 책은 거제시의 지원을 받아 제작되었습니다.

〔값 10,000원〕